INTRODUZIONE

Mi chiamo Dario D'Amico e nella mia vita ho visto magazzini pieni diventare soldi veri, e svendite trasformarsi in opportunità di business.

Sono partito dal basso, facendo esperienza tra rappresentanza, stock e vendite private. Ho trattato con fornitori, caricato scatoloni, organizzato eventi, venduto in prima persona... E oggi ho deciso di condividere quello che so, senza filtri, per aiutare anche te a iniziare — o a fare il salto di qualità.

Questa guida è pratica, diretta, concreta. Ti mostro dove trovare stock, come trattare, come scegliere la merce giusta, dove rivendere e come farlo in modo professionale, anche se sei un privato o stai partendo da casa tua.

Non servono capitali enormi. Serve testa, voglia, e le informazioni giuste. Tu ci stai mettendo il tuo tempo. Io ti metto il mio metodo.

Buona lettura, e buon business.

Dario

Sommario

Esempio reale:

 acquisto di 100 costumi da bagno stock a 2€ l'uno.

Strategia di rivendita su marketplace locali e online: prezzo medio 7€.

Tempi stimati per la rotazione dello stock: 7-10 giorni.

Risultato atteso: ricavo 700€, spesa 200€, profitto 500€ circa.

Lezione: piccoli stock + canali rapidi = margini veloci.

Come gestire più canali di vendita con software semplici (es. gestionale gratuito o Excel).

Reinvestire i guadagni per creare uno stock mensile fisso.

Creare un brand: logo, packaging e piccole grafiche su Canva.

Quando passare alla logistica automatizzata (FBA, dropshipping).

Delegare le spedizioni e concentrarsi sul sourcing.

Capitolo 1 — Dove trovare stock e rimanenze affidabili

Quando si parla di business con gli stock, la prima domanda che devi farti è:
"Da dove compro la merce?"

Sembra banale, ma è la differenza tra **fare guadagni veri** o **ritrovarsi con scatoloni invenduti in garage**.

1.1 – Cosa sono gli stock (e perché esistono)

Gli "stock" sono **lotti di prodotti rimasti invenduti, fine serie, fuori collezione** o **provenienti da liquidazioni**.
Le aziende li cedono per:

1. Recuperare spazio in magazzino
2. Liquidare velocemente per motivi fiscali o contabili
3. Chiudere un'attività o cessare una linea

Questo è un **vantaggio enorme per te**, che puoi comprarli a prezzi molto inferiori al mercato.

1.2 – Dove cercare stock e rimanenze (le fonti principali)

A. Grossisti e distributori locali

Visita zone industriali, magazzini all'ingrosso, e chiedi dei lotti disponibili.
Spesso chi vende a dettaglianti ha anche **capi vecchi di collezione** o **fondi di magazzino** che vuole liberare. Qui puoi trattare **a voce**, vedere la merce e magari ottenere **prezzi migliori per più lotti**.

B. Siti di vendita B2B e aste online

Ecco alcuni siti che puoi monitorare:

1. **Merkandi.it** → uno dei portali più usati per stock, elettronica, moda e oggettistica. Richiede registrazione e a volte abbonamento.
2. **Stocklear.it** → specializzato in aste B2B, spesso trovi rimanenze da grandi magazzini.
3. **B2B Griffati** → ottimo per abbigliamento firmato e accessori di marca.
4. **Aste giudiziarie** → da lì puoi acquistare stock provenienti da fallimenti, chiusure e procedure legali.

Attenzione: verifica sempre **provenienza, condizioni e volumi**. Chiedi foto reali e dettagli prima di acquistare.

C. Negozi che chiudono o liquidano

Vai in giro nella tua zona, cerca cartelli come:

"Liquidazione totale per cessata attività"
"Fuori tutto"

Molti di questi negozi hanno **merce valida**, magari ancora etichettata, e spesso **non sanno come liberarsene**. Se ti presenti **seriamente**, puoi comprare anche tutto il magazzino con pochi soldi.

1.3 – Come trattare e negoziare lo stock

Non ti serve essere un commerciante esperto. Ecco le **regole base**:

1.   Chiedi sempre **il prezzo per tutto il lotto** (non a pezzo singolo)
2.   Chiedi **le foto reali** se non vedi la merce dal vivo
3.   Verifica: **stagionalità, etichette, condizioni, marche**
4.   Se puoi, **ritira personalmente** (risparmi su spedizioni e hai maggiore controllo)

1.4 – Quanto spendere per iniziare

Non serve partire con 5.000€.
Con **200-500€** puoi acquistare un primo stock test (es. 100 capi, battuta media 2-5€), rivendere a 10-20€ e generare margine.

Il segreto è **partire leggeri ma consapevoli**.

Capitolo 2 — Come trattare con i fornitori (prezzi, condizioni e quantità minime)

Trovare lo stock è solo metà del lavoro.
La **vera differenza la fai quando impari a trattare**, a **negoziare bene**, e a **valutare le condizioni di acquisto** con l'occhio di chi fa business.

2.1 – I fornitori: chi sono e come ragionano

I fornitori di stock possono essere:

1. Grossisti e distributori (che vendono per mestiere)
2. Negozianti che chiudono o liberano merce
3. Aziende o fabbriche con fondi di magazzino
4. Importatori diretti (es. cinesi, pakistani, turchi ecc.)

Ricorda: **non sono lì per farti un favore**. Vogliono vendere.
Tu, invece, vuoi comprare bene. Quindi il punto d'incontro sta nella **trattativa**.

2.2 – Come approcciarti (anche se sei alla prima esperienza)

Non serve presentarsi come un'azienda o usare paroloni. Serve **essere chiari, decisi e concreti**.
Ecco una frase tipo che funziona:

"Ciao, sto cercando lotti o stock da acquistare per rivenderli online. Hai disponibilità o fondi di magazzino in saldo? Se il prezzo è buono posso prenderne anche più di uno."

Così dimostri:

1. Che **sei pronto ad acquistare**
2. Che capisci che cerchi **merce da liquidare**
3. Che se c'è convenienza, **tornerai a comprare ancora**

2.3 – Come trattare sul prezzo (senza sembrare inesperto)

Il prezzo degli stock è spesso variabile. Perciò devi:

1. **Conoscere il prezzo medio al pezzo** (battuta media)
2. **Fissare un prezzo massimo** che sei disposto a pagare
3. **Calcolare quanto potresti rivendere ogni pezzo**

Esempio: se un fornitore ti propone 100 capi a 3,50€ l'uno, e tu sai che puoi rivenderli a 12€ su Vinted, hai:

1. Costo totale: 350€
2. Incasso previsto: 1.200€
3. Guadagno lordo: circa 850€ (togliendo spedizioni, commissioni e qualche capo invenduto)

Trucchetto: Se il prezzo ti sembra alto, **non dire subito "è troppo"**. Dì:
"A quel prezzo, dovrei prendermi troppi rischi. Se lo abbassi un po', potremmo far partire una prima collaborazione."

Questo ti mette nella posizione di **professionista**, non di cliente qualsiasi.

2.4 – Quantità minime e strategie intelligenti

Molti fornitori diranno:

"Minimo 500 pezzi" o "Solo intero stock"

Se sei all'inizio, questo può spaventare.
Allora puoi usare due strade:

1. **Chiedere un test stock**: "Mi mandi un mini-lotto di prova da 30-50 pezzi?"
2. **Unirti ad altri rivenditori**: conosci qualcuno che vuole iniziare come te? Dividete lo stock e i costi.

Non avere paura di fare domande.
Se il fornitore non ti dà info, foto reali, o sembra poco chiaro... **passa oltre**. Meglio perdere un'occasione che perdere soldi.

2.5 – Fattura o pagamento in nero?

Questo è un punto delicato.
Molti fornitori di stock, soprattutto piccoli o occasionali, lavorano **senza fattura**, in contanti o con bonifico semplice.

Se stai iniziando da privato, va anche bene.
Ma se vuoi fare le cose in grande, ti servirà un fornitore che **emetta fattura regolare** per tenere tutto pulito e professionale.

Capitolo 3 — I rischi da evitare per chi inizia

Vendere stock può essere un'opportunità eccezionale, ma se parti senza sapere dove mettere i piedi... il rischio di perdere soldi è reale.
Ecco **gli errori più comuni** e come evitarli, soprattutto se sei alla tua prima esperienza.

3.1 – Acquistare merce che "non gira"

Il classico errore è farsi abbagliare da una super offerta, tipo:

"100 pezzi a 1€ l'uno, affarone!"

Ma se quei pezzi **non li vuole nessuno**, sono solo soldi buttati.
Prima di acquistare, **chiediti sempre**:

1.   Questi articoli **si vendono online?**
2.   Hanno **stagionalità**? (es. costumi da bagno a gennaio, cappotti in agosto...)
3.   C'è **domanda reale** per quel prodotto?

3.2 – Non controllare le condizioni della merce

Un altro errore è dare per scontato che tutto sia perfetto.

Controlla sempre:

1.   Se i capi hanno **etichette originali**
2.   Se sono **nuovi o usati**, e in che condizioni
3.   Se hanno difetti visibili, macchie o pezzi mancanti
4.   Se la merce è **mischiata** (es. taglie extra large tutte uguali)

Pro tip: chiedi sempre almeno **4-5 foto reali del lotto**, da più angolazioni. Se il venditore esita... è un segnale.

3.3 – Farsi caricare costi extra nascosti

A volte il prezzo iniziale sembra ottimo, poi ti dicono:

1.   "+ IVA"
2.   "+ trasporto"
3.   "+ commissioni di pagamento"

Risultato? Il prezzo finale è quasi il doppio.

Soluzione: quando tratti, chiedi sempre **il prezzo tutto incluso**.
E se puoi, **ritira la merce di persona** (magari portando anche un amico o collega per sicurezza).

3.4 – Comprare troppo (troppo presto)

Partire "a bomba" può sembrare una buona idea… ma è molto meglio **testare piccoli lotti** prima.

Esempio:

1. Primo acquisto: 30/50 pezzi
2. Analizza quanto tempo impieghi a venderli
3. Calcola margine reale
4. Solo dopo, **scala su lotti più grandi**

Ricorda: un magazzino fermo è **denaro bloccato**.

3.5 – Falsi fornitori e truffe online

Purtroppo, ci sono anche i furbi. Siti falsi, venditori fake, foto rubate.

Ecco i segnali di allarme:

1. Ti scrivono solo su WhatsApp e non hanno sito né P. IVA
2. Non forniscono **indirizzo fisico**
3. Insistono per pagamento **veloce**, solo tramite bonifico estero o crypto
4. I prezzi sono **troppo belli per essere veri**

Regola d'oro: se il dubbio è forte… lascia stare.

3.6 – Confondere "merce economica" con "merce profittevole"

Un capo da 1€ che rivendi a 3€, tolte commissioni e spedizione… **non è profittevole**.
Meglio un capo a 4€ che puoi vendere a 15€, con margine reale.

Non puntare al **più economico**. Punta al **più vendibile**.

Conoscere questi errori ti salva da problemi, ma soprattutto ti fa **partire con la mentalità giusta**, da vero rivenditore.

Capitolo 4 — Come scegliere i prodotti giusti da rivendere

Nel mondo degli stock, **non basta comprare bene**: devi anche scegliere **i prodotti giusti**, cioè quelli che **le persone vogliono davvero acquistare**.

Comprare merce a poco prezzo **non garantisce profitto** se poi non riesci a venderla o se ti resta in magazzino per mesi.

Ecco le **5 regole d'oro per selezionare prodotti vincenti**.

4.1 – Punta su categorie che si vendono tutto l'anno

Alcuni articoli sono stagionali, altri sono **sempre richiesti**.

Le categorie "sempreverdi":

1.   Abbigliamento casual (jeans, magliette, felpe, leggings)
2.   Sneakers e scarpe comode
3.   Borse, zaini e accessori moda
4.   Articoli per la casa e cucina
5.   Elettronica piccola (auricolari, supporti, accessori smartphone)

Se sei agli inizi, **parti da queste**: sono facili da fotografare, spedire e gestire.

4.2 – Osserva le piattaforme prima di acquistare

Vuoi sapere se un prodotto si vende?
Guarda cosa vendono gli altri.

Vai su:

1.   **Vinted** e cerca parole chiave (es. "pantaloni taglia 44")
2.   **Subito.it, eBay, Facebook Marketplace**
3.   Controlla **quantità di annunci simili**, **prezzi medi** e se c'è **rotazione**.

Se trovi sempre le stesse cose invendute da mesi... evita.
Se invece vedi che le inserzioni si aggiornano spesso, **quel prodotto gira**.

4.3 – Il potere delle taglie e dei colori

Un errore classico: comprare 100 magliette taglia XXL fucsia.

Evita taglie estreme e colori troppo strani, a meno che tu non abbia un pubblico preciso che li cerca.

Punta su:

1. Taglie centrali (M – L – 42 – 44 – 46)
2. Colori neutri (nero, bianco, grigio, beige)
3. Modelli basic (piacciono a tutti e vanno ovunque)

4.4 – Marche e brand: sì o no?

La risposta è: **dipende**.

1. Se riesci a trovare **brand conosciuti** (anche low cost tipo Zara, Bershka, H&M) a poco, è un vantaggio.
2. Se sono capi **anonimi ma ben fatti**, puoi comunque venderli bene, basta **presentarli nel modo giusto** (foto, descrizione, stile).

Attenzione ai fake: mai comprare stock con brand "tarocchi" o copiati. Ti esponi a problemi legali e di reputazione.

4.5 – Scegli anche in base al tuo spazio e tempo

Un altro aspetto da non sottovalutare è **la logistica personale**.

1. Hai spazio per conservare 5 scatoloni di scarpe?
2. Hai tempo per fare 10 spedizioni a settimana?
3. Sai impacchettare, etichettare e gestire messaggi?

Se sei da solo, parti con qualcosa di semplice: **t-shirt, leggings, borse leggere**.

Poi, man mano che prendi confidenza, potrai passare a scarpe, giacche, elettronica, oggetti più grandi.

4.6 – Il segreto degli esperti: comprare contro stagione

Chi è alle prime armi commette spesso un errore:

comprare abbigliamento estivo... **in estate**, o giacche pesanti **a novembre**.

È proprio in quei momenti che **i fornitori alzano i prezzi**: la domanda è alta e loro lo sanno.

I veri affari si fanno contro stagione.

1.   Vuoi vendere costumi a luglio? Comprali a febbraio o marzo.
2.   Vuoi rivendere piumini e giacche? Fallo in primavera o estate.

Questo vale anche per le rimanenze di grandi catene e magazzini: **fuori stagione, svendono tutto pur di liberare spazio**.

Chi riesce a **prevedere la domanda futura**, e compra con anticipo, entra davvero nel **core business degli stockisti**.

È così che nascono i margini migliori e si costruisce un'attività stabile.

Conclusione del capitolo

Scegliere bene **ti semplifica la vita e aumenta i guadagni**.
Segui le tendenze, osserva il mercato, ragiona come un rivenditore... e i risultati arriveranno.

Capitolo 5 — Dove vendere: Vinted, eBay, Subito, Instagram

Trovare lo stock giusto è metà del lavoro.
L'altra metà è **saperlo vendere bene**, nel posto giusto, con il giusto pubblico.

Esistono **piattaforme diverse**, ognuna con vantaggi e logiche proprie. Ti spiego le principali con i pro, i contro e quando usarle.

5.1 – Vinted

Perfetta per abbigliamento, accessori, scarpe, borse.

Vantaggi:

1. Completamente **gratuita per i venditori** (nessuna commissione)
2. Tantissimi utenti attivi (soprattutto donne)
3. Inserzioni semplici e veloci
4. Spedizione automatizzata con etichette già pronte

Attenzione a:

1. È pensata per il mercato **second hand**, quindi non aspettarti di vendere capi a 50€
2. Le foto fanno la differenza: più sono chiare, reali e luminose, più vendi

Quando usarla: perfetta per rivendere capi singoli o piccoli stock spezzati
Strategia: carica ogni capo con descrizione chiara, taglia e stato, rispondi subito ai messaggi

---

5.2 – eBay

Ottimo per stock completi, elettronica, brand e accessori vari

Vantaggi:

1. Puoi vendere **a prezzo fisso o all'asta**
2. Puoi vendere **interi lotti** (es. "Stock 100 magliette")
3. Più flessibile rispetto a Vinted (anche articoli nuovi, con fattura, ecc.)

Attenzione a:

1. **Commissioni** sulla vendita (mediamente 10%)
2. Più concorrenza, serve costruire reputazione e feedback

Quando usarla: se hai stock strutturati, brand noti o articoli fuori da moda second hand
Strategia: inserzioni ben scritte, titolo chiaro e dettagliato, prezzo competitivo

5.3 – Subito.it

Adatto a vendite locali, ritiri a mano, stock ingombranti o misti

Vantaggi:

1. Inserzioni gratuite
2. Nessuna commissione o spedizione
3. Possibilità di trattare di persona

Attenzione a:

1. Poca sicurezza nei pagamenti (consigliato ritiro a mano)
2. Meno adatto a spedizioni multiple

Quando usarlo: se vendi stock grandi, mobili, accessori casa o vuoi vendere nella tua zona
Strategia: titolo d'impatto, numero WhatsApp visibile, foto nitide, trattativa veloce

5.4 – Instagram (e Facebook Marketplace)

Perfetto se vuoi costruire un tuo piccolo "brand" o fare vendite dirette

Vantaggi:

1. Completamente gratuito
2. Puoi creare una community e fidelizzare clienti
3. Ottimo per mostrare articoli con **video, reel, storie**

Attenzione a:

1. Serve tempo per crescere una pagina e curare il feed
2. Le vendite arrivano con **costanza e interazione**, non subito

Quando usarlo: se vuoi fare personal branding, costruire un'identità e vendere in modo diretto
Strategia: contenuti giornalieri, video reali dei prodotti, dirette o storie per offerte flash

5.5 – In sintesi: quale scegliere?

1.   **Vinted** → per vendite rapide, abbigliamento singolo
2.   **eBay** → per stock interi e articoli con valore
3.   **Subito** → per vendite locali e grosse quantità
4.   **Instagram** → per creare un'identità e vendere con costanza

Pro tip: usa più piattaforme insieme, adattando le strategie.

Capitolo 6 — Strategie di prezzo: come aumentare i margini

Quando compri stock e rimanenze, il guadagno **non lo fai solo sul prezzo d'acquisto**, ma su **come rivendi**.

Saper gestire il **prezzo di vendita** ti permette di:

1. Ottenere un margine più alto
2. Muovere più velocemente la merce
3. Differenziare la tua offerta rispetto alla concorrenza

6.1 – Conosci la tua battuta media

Battuta media = costo per singolo pezzo

Esempio: hai comprato 100 capi a 350€

Battuta media = **3,50€ a capo**

Questo è il tuo punto di partenza. Ora devi decidere **quanto vuoi guadagnare su ogni vendita**.

6.2 – Margine consigliato per chi inizia

Un buon margine netto è almeno **x2 o x3** rispetto al costo del singolo pezzo.

Esempio:

1. Costo: 3,50€
2. Prezzo minimo consigliato: **9,90€ / 12,90€**

Così copri spese, eventuali resi, e hai un profitto reale.

Se il capo è firmato, originale o di tendenza, puoi **alzare il prezzo** anche a 15-20€ o più, soprattutto su Vinted o Instagram.

6.3 – Offerte e prezzi psicologici

Il cervello compra prima che la persona ragioni.

Usa queste tecniche:

1.   **9,90€** invece di 10€
2.   **2x30€** invece di "15€ l'uno"
3.   **"Ultimi pezzi"**, **"Offerta solo oggi"**, **"Spedizione gratuita oltre 20€"**

I piccoli dettagli **fanno la differenza.**

6.4 – Diversifica il valore della merce

Non tutti i capi hanno lo stesso valore.
In un lotto da 100 pezzi, magari:

1.   60 pezzi valgono poco (vendili a prezzo fisso)
2.   20 pezzi sono buoni (alzagli il prezzo)
3.   10 pezzi sono top (vendili su Instagram o eBay a prezzo pieno)
4.   10 pezzi invendibili? Fanne un **regalo con altri ordini** (aumenta valore percepito)

Così **estrai tutto il valore** dal tuo stock, pezzo per pezzo.

6.5 – Occhio alle spese nascoste

Quando imposti il prezzo finale, considera anche:

1.   Costo di spedizione (a tuo carico o del cliente?)
2.   Commissioni piattaforma (es. eBay ~10%)
3.   Costo dell'imballaggio (buste, etichette, scotch)

Non sottovalutare questi dettagli: se non li consideri, **ti mangiano il margine**.

6.6 – Quando abbassare i prezzi (senza perdere valore)

Se un capo non si vende dopo settimane:

1. Fai una **promo flash**
2. Offri un 3x2 o bundle
3. Cambia la foto o la descrizione
4. O spostalo su un'altra piattaforma

Svuotare il magazzino è più utile che tenerlo fermo mesi.

Con la giusta strategia di prezzo, anche un lotto semplice può **triplicare il suo valore**.
L'importante è sapere dove, come e quanto vendere.

6.7 – Valorizzazione del prezzo retail: mostra il valore originale

Uno dei metodi più intelligenti per far percepire un vero affare è **comunicare il prezzo originale** del prodotto, detto anche **prezzo retail**.

Esempio reale:
Acquisti una t-shirt di marca a 10€ da stock, ma **in negozio costava 99€**.
Rivenderla a 29,90€ **è comunque un super affare** per chi compra.

Quando inserisci questo dettaglio nella descrizione o nell'annuncio, il cliente **capisce il valore che sta ricevendo**.
Non comprano solo un capo: comprano uno **sconto del 70%, dell'80%, anche del 90%**.

Frasi utili da usare:

1. "Prezzo originale: 89€ – ora solo 14,90€"
2. "Valore in negozio oltre 100€, tuo a meno di 20€"
3. "Risparmi il 75% sul prezzo di listino!"

Questo **giustifica il tuo prezzo**, aumenta la fiducia e **spinge all'acquisto veloce**.

Puoi anche usare **etichette originali**, foto con il cartellino o screenshot da siti ufficiali per dimostrare il prezzo reale.

Capitolo 7 — Gestione dell'inventario e organizzazione del magazzino

Una delle differenze tra chi vende ogni tanto e chi costruisce un business vero è la gestione della **merce**.

Non importa se hai 30 capi o 3.000 pezzi:

se non hai un sistema, rischi **confusione**, **spedizioni lente**, e **vendite mancate**.

7.1 – Parti con una divisione semplice

Appena ricevi il tuo stock, il primo passo è **dividerlo con criterio**.
Ecco come puoi iniziare:

1. **Per tipologia**: t-shirt / pantaloni / giubbotti / accessori
2. **Per taglia**: XS, S, M, L, XL
3. **Per condizione**: nuovi con cartellino / nuovi senza cartellino / usati

Usa scatole, buste trasparenti, o contenitori con etichette.
Non serve uno spazio gigante: basta **ordine e chiarezza.**

7.2 – Crea un inventario (anche semplice)

Puoi usare:

1. **Un quaderno**
2. **Un foglio Excel**
3. O una semplice app gratuita tipo **Sortly**, **Inventory+**, **Notion**

Per ogni articolo inserisci:

1. Codice / nome
2. Descrizione
3. Taglia / colore
4. Prezzo d'acquisto
5. Prezzo di vendita
6. Dove l'hai pubblicato (Vinted, eBay, ecc.)

In questo modo saprai sempre **quanti pezzi hai**, dove si trovano e se sono stati venduti.

7.3 – Dai un codice ai tuoi articoli

Assegna un **codice identificativo** a ogni prodotto (es. T01, J02, B05), scrivilo su un'etichetta o su un post-it nella busta.

Questo ti aiuterà quando ricevi ordini:

niente stress, niente "dov'è quella felpa grigia?"

Pro tip: quando carichi un prodotto su una piattaforma, metti anche il codice nella descrizione.

7.4 – Spazio e logistica: ottimizza anche casa tua

Se non hai un magazzino, puoi comunque creare uno "spazio professionale" in casa:

1. **Un armadio dedicato**
2. **Una zona scaffale o parete** con scatole numerate
3. **Contenitori Ikea trasparenti** (ottimi per vedere subito il contenuto)

L'obiettivo è uno solo: **quando arriva un ordine, devi trovare subito il prodotto giusto.**

7.5 – Aggiorna sempre lo stato degli articoli

Ogni volta che vendi qualcosa, ricordati di:

1. **Segnare che è stato venduto**
2. **Rimuoverlo da altre piattaforme**
3. **Aggiornare lo stock rimanente**

Sennò rischi di vendere due volte lo stesso capo (succede a tutti almeno una volta!).

7.6 – Prepara già il materiale per spedire

Tieniti sempre pronto:

1. Buste imbottite o sacchetti

2.   Etichette e penna
3.   Nastro adesivo
4.   Etichette Vinted già stampate (se usi quella piattaforma)

Meno tempo perdi a ogni ordine, più sembri un professionista.

Una gestione organizzata ti fa guadagnare tempo, clienti soddisfatti e più vendite.

Capitolo 8 — Come presentare e fotografare la merce

Quando un cliente vede un tuo prodotto online, **non lo può toccare, provare, sentire**. L'unica cosa che lo convince è **come lo presenti visivamente e verbalmente**.

Ricorda: **la prima impressione online è tutto**.
E una foto fatta male = cliente perso.

8.1 – Le foto: il tuo primo venditore

Puoi avere un capo bellissimo, ma se lo fotografi buttato su un letto o appeso stropicciato, **non lo comprerà nessuno**.

Ecco le regole base per foto che vendono:

1. **Luce naturale** (vicino a una finestra, mai con luce gialla)
2. **Sfondo neutro** (bianco, grigio chiaro o legno pulito)
3. **Capo ben steso o su gruccia** (no pieghe, no ammucchiati)
4. **Più angolazioni**: fronte, retro, dettaglio etichetta o cuciture
5. **Foto nitide** (usa uno smartphone recente, niente foto mosse)

Se vuoi fare un salto di qualità: usa un **mini manichino o un supporto busto** per abbigliamento. Fa subito "negozio".

8.2 – La descrizione: breve ma potente

Accanto alle foto, la descrizione deve essere:

1. Chiara
2. Sincera
3. Strategica

Esempio:

Maglia donna nera – taglia M
Morbido cotone elasticizzato, vestibilità regolare.
Nuova, ancora con cartellino. Prezzo originale 39,90€.
Ora solo 11,90€.
Spedizione con Vinted o ritiro a mano a Palermo.

- ✅ Prodotto reale (no sorprese)
- ✅ Qualità garantita
- ✅ Sconto oltre il 70%

8.3 – Aggiungi "valore percepito"

Puoi arricchire l'annuncio con:

1. Una breve **frase d'impatto** ("perfetta per l'estate!", "super versatile!")
2. Menzione del **prezzo originale** ("da listino 89€")
3. **Screenshot da negozi online** se esiste ancora il prodotto (aumenta fiducia)

Il cliente deve pensare: "A questo prezzo... lo prendo!"

8.4 – Evita questi errori classici

1. Foto scure o gialle
2. Capo piegato, stropicciato o poco visibile
3. Descrizioni troppo generiche ("bello", "comodissimo", "usato pochissimo")
4. Nessuna indicazione su **taglia, condizione o modalità di spedizione**

8.5 – Video brevi = super potere

Sui social (Instagram, TikTok) o anche su WhatsApp, **fare un video di 10 secondi** con il capo in mano, mentre lo presenti o lo mostri, fa **molta più presa**.

"Ragazzi, guardate questa giacca – ancora con cartellino, pagata 119€, ora 19€"
= boom di messaggi.

Chi vende bene... **fotografa e descrive come un professionista**.
E tu, con le giuste abitudini, puoi diventarlo anche partendo da casa.

8.6 – La descrizione: breve ma potente *(aggiornata)*

Accanto alle foto, la descrizione deve essere:

1.   Chiara
2.   Sincera
3.   Strategica
4.   **Ispirazionale** (fai immaginare come usarlo)

Esempio:

Maglia donna nera – taglia M
Morbido cotone elasticizzato, vestibilità regolare.
Nuova, ancora con cartellino. Prezzo originale 39,90€.
Ora solo 11,90€.

Outfit consigliato: perfetta con jeans skinny e sneakers bianche per un look casual da giorno.

✅ Prodotto reale (no sorprese)
✅ Qualità garantita
✅ Sconto oltre il 70%

Il cliente non compra solo un capo: **compra un'idea, un risultato, uno stile.**

Capitolo 9 — Errori da evitare e consigli da chi lo fa per mestiere

Lavorare con gli stock è un mondo pieno di opportunità, ma anche di **insidie nascoste**.
Molti mollano non perché non funziona... ma perché **sbagliano l'approccio**.

In questo capitolo trovi gli **errori che ho visto fare più spesso** e i consigli che avrei voluto ricevere quando ho iniziato.

9.1 – Pensare che "basta caricare e si vende da solo"

No, non è Vinted o eBay a vendere.
Sei tu.
Con la tua presentazione, le tue foto, la tua velocità nelle risposte, la tua mentalità.

Chi tratta questo come un passatempo... ottiene risultati da passatempo.
Chi lo tratta da business... costruisce un business.

9.2 – Non reinvestire i guadagni

Hai venduto il tuo primo lotto? Bene.
Ora **non spendere tutto in aperitivi o shopping**.
Usa quei soldi per comprare **uno stock più grande**, migliorare il tuo spazio, aumentare visibilità.

Reinvestire è l'unica vera leva per crescere.
Anche partendo da 200€, puoi costruire qualcosa di solido.

9.3 – Copiare altri invece di sviluppare il proprio stile

Va bene prendere spunto... ma **non sei una fotocopia**.
Trova il tuo stile:

1. Foto sempre con lo stesso sfondo
2. Un modo di descrivere che ti rappresenta
3. Un tono riconoscibile

Le persone **riconoscono chi è autentico**, anche online.

9.4 – Non rispondere ai messaggi o spedire in ritardo

Questa è una delle cause principali di feedback negativi e vendite perse.

Rispondi veloce.
Spedisci subito.
Sii corretto e preciso.

Una buona reputazione **vale più di qualsiasi sconto**.

9.5 – Comprare senza strategia

Lo stock non si compra "a caso".
Se ti arriva merce invendibile, sei fermo.
Prima osserva, studia, poi compra.

Ricorda sempre: **compra solo quello che venderesti anche domani mattina.**

9.6 – Fermarsi ai primi problemi

Ci saranno giorni con zero vendite.
Ci sarà chi ti chiede uno sconto e poi sparisce.
Ci sarà lo stock che gira meno del previsto.

Non è fallimento: **è normalità.**

Chi molla ai primi intoppi, resta sempre fermo.
Chi regge, impara. E chi impara... guadagna.

In breve: il mindset conta più del magazzino

Puoi avere anche solo 30 capi e un telefono.
Ma se hai il giusto approccio, **puoi trasformarlo in una macchina da cash**.

E se sbagli?
Fa parte del percorso.
Correggi, adatti, e vai avanti.

- Presentati in modo chiaro e diretto
- Chiedi prezzo per lotto, foto reali e condizioni della merce
- Parti con piccoli lotti test, poi scala

Vendere stock può essere un'opportunità, ma anche una trappola se commetti errori comuni:

- Acquistare merce che non gira
- Non controllare condizioni e stagionalità
- Farsi caricare costi extra
- Comprare troppo e troppo presto
- Falsi fornitori online

- Punta su categorie che si vendono tutto l'anno
- Osserva le piattaforme prima di acquistare
- Evita taglie estreme e colori strani
- Valorizza il prezzo originale (retail) per dare valore percepito

Ogni piattaforma ha il suo punto di forza:

- Vinted: capi singoli, senza commissioni
- eBay: per lotti interi e articoli con valore
- Subito: perfetto per vendite locali
- Instagram: branding e fidelizzazione

- Parti dalla battuta media
- Usa prezzi psicologici e offerte flash
- Valorizza il prezzo originale ("prima 89€, ora 14,90€")
- Diversifica: capi di valore vs. capi di rotazione

- Dividi per categoria, taglia e condizione
- Usa codici identificativi
- Prepara un mini inventario (Excel o app)
- Ottimizza lo spazio in casa

- Foto con luce naturale, sfondo neutro, capo ben steso
- Descrizione chiara con prezzo originale e outfit consigliato
- Video brevi sui social = più vendite

- Pensare che "si venda da solo"
- Non reinvestire i primi guadagni
- Copiare altri invece di creare stile proprio
- Essere lenti nelle risposte o nelle spedizioni

Chiudiamo alla grande con un Capitolo 10 pratico, motivante e operativo: un vero e proprio Piano d'Azione in 7 Giorni per partire subito e iniziare a guadagnare.

Capitolo 10 — Piano d'azione per partire in 7 giorni

Hai letto la teoria. Hai capito dove comprare, come scegliere, dove vendere, come fotografare.
Ora serve solo una cosa: **iniziare.**

Ecco un piano realistico, concreto, che puoi seguire anche se **hai solo 200-300€ e zero esperienza.**

Giorno 1 – Definisci il tuo budget e il tuo obiettivo

1.   Decidi quanto puoi investire (anche solo 200€ va bene)
2.   Scegli: rivendere abbigliamento? Accessori? Casa?
3.   Segna il tuo obiettivo: "Voglio guadagnare 500€ entro 30 giorni"

Chiarezza + direzione = inizio solido

Giorno 2 – Trova e contatta 3 fornitori

1.   Entra su Merkandi, Stocklear, Subito o contatta negozi locali
2.   Chiedi disponibilità, foto, prezzi, quantità minime
3.   Tratta: anche un piccolo stock di 30-50 pezzi va bene per iniziare

Compra solo se ha senso. Non farti prendere dalla fretta.

Giorno 3 – Ricevi o ritira il tuo primo stock

1.   Controlla tutto il lotto appena lo hai
2.   Dividilo per taglie, categorie, stato
3.   Dai un codice a ogni capo o articolo

Organizzazione prima di tutto.

Giorno 4 – Fotografa e carica i primi articoli

1.   Usa luce naturale e sfondo neutro
2.   Descrizioni chiare e reali
3.   Aggiungi prezzo originale e un outfit consigliato

Meglio 10 inserzioni fatte bene che 50 caricate in fretta.

Giorno 5 – Pubblica su almeno 2 piattaforme

1.   Vinted + Subito, oppure eBay + Instagram
2.   Inizia a rispondere ai primi messaggi
3.   Prepara materiale per spedizione

Visibilità = vendite.

Giorno 6 – Monitora, testa e adatta

1.   Vedi cosa gira di più
2.   Cambia foto o testo se un articolo non si muove
3.   Fai la prima promozione: "3x30€" o "Spedizione inclusa per 24h"

Il mercato ti parla. Tu devi ascoltarlo.

Giorno 7 – Festeggia la prima vendita e reinvesti

1.   Appena vendi, reinvesti almeno una parte subito
2.   Tieni traccia: costi, ricavi, feedback
3.   Pensa già al prossimo mini-stock

Non stai vendendo solo vestiti. Stai creando un sistema.

Conclusione finale

Partire è il passo più difficile.
Ma una volta partito, **è tutto un gioco di miglioramento continuo**.

Hai un metodo, hai esperienza reale alle spalle... e ora hai anche **questo libro come mappa**.

E ricordati:

"Lo stock si compra con testa.
Si presenta con stile.
E si vende con passione."

www.ingramcontent.com/pod-product-compliance
Lightning Source LLC
LaVergne TN
LVHW022126060326
832903LV00063B/4786